AF409018

PAOLA MORENO

Cartas a mis amantes

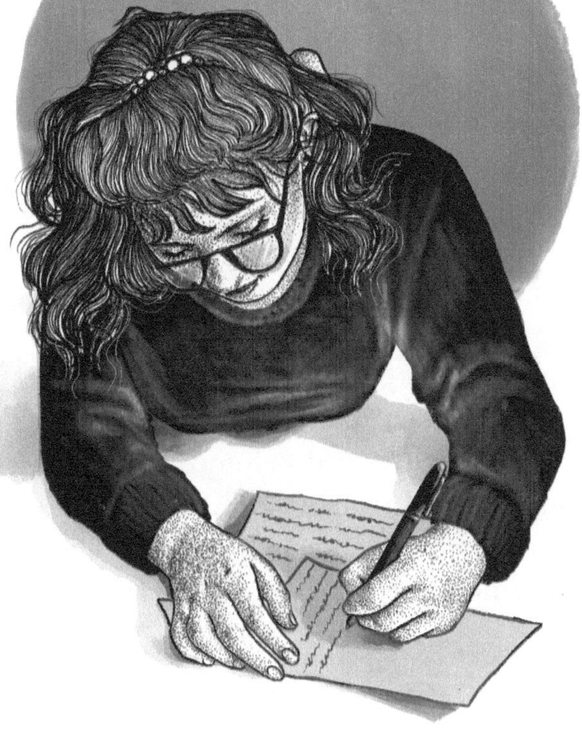

Prólogo

Paola Yazbetl Moreno López nació el 22 de abril de 1994 en Ciudad de México. Hija de Cristina y Fernando, padres humildes y trabajadores, quienes, a pesar de laborar todos los días, vieron la manera de sacar adelante a la autora de este libro; el primero de varios, como ella asegura en cada oportunidad que tiene cuando habla con alguien que tiene interés por la literatura, pasión desenfrenada en la que se adentró a partir de los 10 años.

Aquí comienza su historia entre letras y el aroma de las páginas. Rebelde y sigilosa, así camina a diario en la posición de la vida que le tocó, y desde ese sólido terreno encuentra en sus pensamientos una manera simple y directa de plasmar una reflexión, con base en lo tambaleantes que son los sentimientos de la juventud actual, así como del crudo y frío desamor.

Este ejemplar es el primer paso de la autora en el mundo de las mentes flotantes, quien logra con 27 años, traer algunos fragmentos para identificarse. Su subjetivismo, es escrito a pulso, y qué mejor que leer algo que venga desde la experiencia y la realidad.

Paola, amante del café y los gatos, tiene como máximos referentes a la poetisa Elvira Sastre, al también poeta, escritor y dramaturgo irlandés, Oscar Wilde, así como al escritor y periodista colombiano Gabriel García Márquez, quienes han sido inspiración para adentrarse en la lectura y la redacción.

Paola navega en la poesía, el género literario más bello que existe, para encontrar respuestas y generar cuestionamientos de la vida real desde un enfoque estético saltando entre la comparación, la antítesis, la metáfora, la personificación y la hipérbole, entre otras figuras literarias que hacen de este ejemplar un sitio para relajar la mente y explorar los sentimientos propios.

Fernando Moreno

Pero no lo harás

Un día vestiré de blanco
y diré frente a un altar: *"acepto"*.
No serás tú quien esté enfrente.
No lo serás porque no es lo que quieres,
pero estarás ahí, sentado,
quizá, en primera fila, quizá, en la última.
Estaré esperando a que interrumpas descortésmente
cuando el sacerdote diga:
"¿Hay alguien que se oponga a este matrimonio?"

Pero no lo harás, ambos sabemos que no lo harás.

El chico de la camisa de rayas

Te veías tan guapo,
con aquella camisa a rayas,
como la noche en que *fuimos nosotros*.
Esa camisa me volvía tan loca como tu boca.
No entiendo si la usabas
para provocar mis ganas de soltarte un beso
o para matarlas con ese toque tan tuyo.

Quédate o vete

Tu corazón se acelera cada que me das un abrazo.
Inventas mil razones para huir de mí,
pero también para habitar en mí por siempre.
Quédate o vete.
Si te quedas, permanece completo, siéntete mío.
Si te vas, hazlo del todo
no dejes restos, ni caricias, ni despedidas.

Pero te amaba

Amaba la manera en que me mirabas a los ojos,
el olor de tus camisas cuando me llenabas de abrazos.
Amaba caminar a tu lado
pero dolía saber que no te quedarías
que de un momento a otro tú te marcharías
y yo me quedaría con este sentimiento atorado
en el nudo de mi garganta,
con resentimiento e intento de odio por tu abandono.
Amarte dolía hasta morir, pero te amaba.

Si te vas

No pasará nada si te vas,
estoy acostumbrada a tu huida.
Lo has hecho siempre.

No voy a llorar
ni voy a caer,
solo tienes que detenerte.

Buscas el brillo en mis ojos,
el mismo que irradiaba la primera vez que te miré,
pero hoy ya no está.

No pasará nada si te vas.

Estoy acostumbrada a verte salir de mi habitación
a verte huir de nuestro amor
hoy ya el dolor no es el mismo.

Duele saber que no estarás,
pero sé que esto no me matará.

Después de tu partida esta herida sanará
y quizá mi corazón vuelva a latir,
tal vez mi alma por fin pueda descansar de ti
de la bruma que dejaste aquí.

Extrañar

Te voy a extrañar como un niño a su juguete favorito.
Como se extraña un hogar cuando se tiene que salir a
trabajar.
Voy a extrañar esos ojos coquetos
sentir el rose de tu mano
Y tus palabras…
esas que sanan mi alma.

Te voy a extrañar.

Tus labios

Cuando vea tus labios rosando los suyos,
cariño, mi corazón quedará devastado.

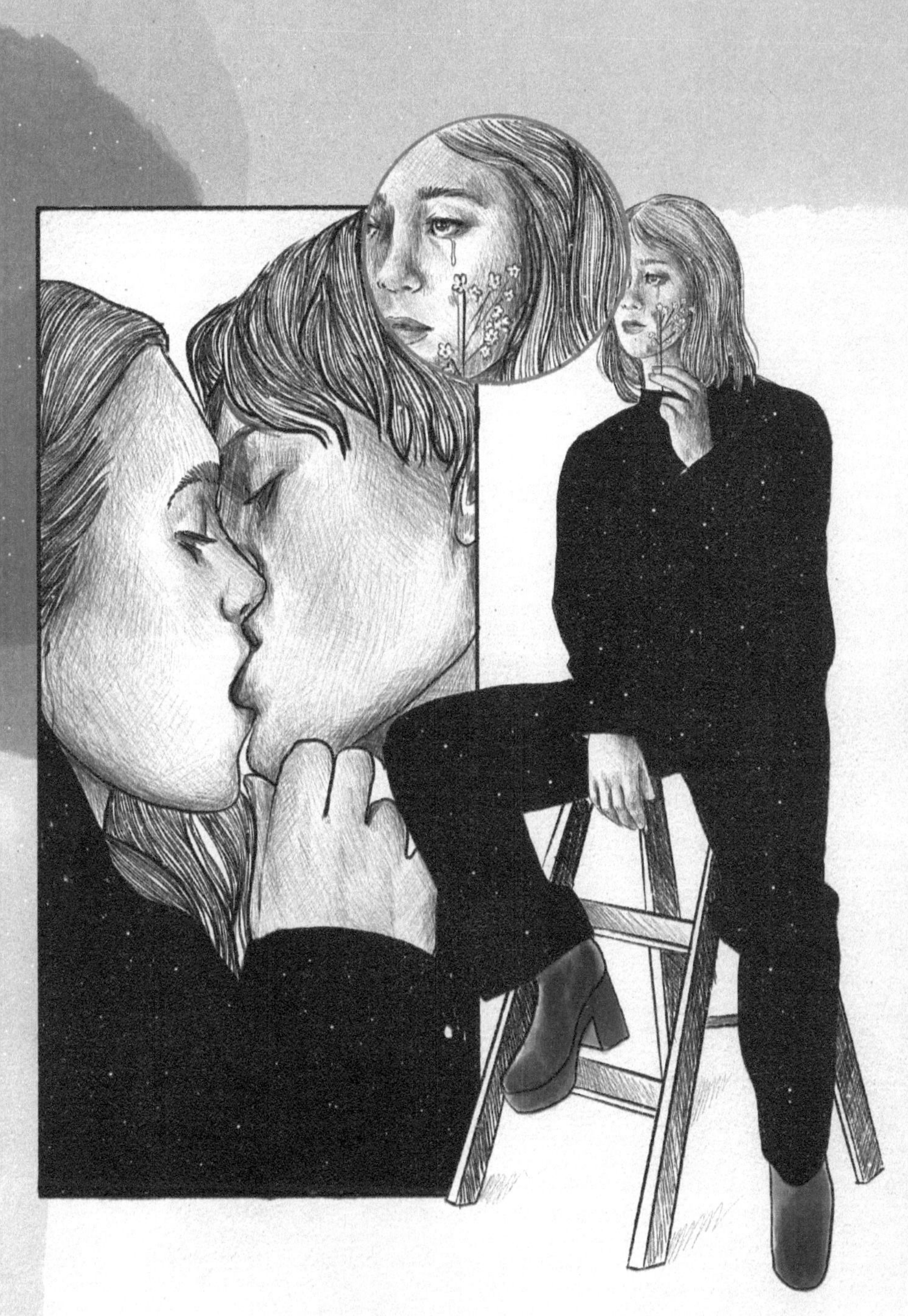

Ahí estaba él

Partiendo a un nuevo sitio.
Ahí estaba él
un amor fugaz,
un amor destinado a no ser.
Un amor pasional, pero con poca fe.
Un amor sincero, pero falso a la vez.
Ahí estaba él,
Juntando sus labios con los míos,
quizá, por última vez.

Historia Encantadora

Antes de recibir tu mensaje de texto
me sentía vacía
sin rumbo, sin vida
sola, rodeada de la nada.

Sin saber abriría una historia
de esas encantadoras
que jamás llegan a comenzar.

A ti, que abriste tu alma a mi alma,
que me dejaste ser contigo,
te pido perdón si quedó algo pendiente
por sentir en esta historia.

Gracias por llenar mi vida de alegría,
por darme motivos para seguir mi camino.

Salir de ti

Mi mente me está matando
me ataca cada noche
cuando me muestras tu indiferencia
cuando tus labios arrojan solo mentiras.

Sufro en silencio
y tú que dices quererme
no haces nada por sacarme de este profundo vacío.

Prefiero salir de ti,
que hundirme contigo.

Mares y desiertos

Buscamos el mar en desiertos,
como el amor en personas vacías,
falta de bondad.

Buscamos el mar, como buscamos el amor
a veces en el sitio equivocado
y pocas veces en el corazón correcto.

Felicidad

¿Felicidad? ¿en dónde está?
No somos felices solos, no somos felices juntos.
Ya no sé quién eres ni a qué vienes a verme.

Soy como un objeto,
como un lugar al que visitas
cuando tienes ganas,
cuando no hay más por hacer.

Soy un lugar en el que disfrutas estar,
pero no puedes permanecer aquí,
tampoco quieres.

No soy un hogar,
soy unos días fuera de él,
soy una distracción,
un espacio en blanco.

No puedo pedirte que seas sincero conmigo
cuando no lo eres contigo.
Tampoco puedo pedirte que te vayas, aún no,
quizá, porque te amo demasiado,
o tal vez porque soy muy cobarde.

Amor

Te di un significado tan grande
como el de la palabra ***amor***,
Eso eras en mi vida, siempre te vi con esa ilusión,
eras un amor complejo, distante, un amor lleno de fuego.

Eras esa clase de amor que nadie desea,
aquel que hace de ti su esclava, que te llena de días grises
de oscuridad a plena luz del día.

No eras más que incendios temporales
que se volvieron eternos.

Me hieres al huir sin irte,
al tocarme sin sentirme.

Eras el tormento que me llenaba de miedo
eras la causa, la herida,
la cicatriz, y por un milagro… también la cura.

Memorias

Estamos llenos de momentos e instantes
años de agonía y sabiduría
años de inmensa soledad entre dos almas unidas.

Somos un sin fin de recuerdos,
penoso laberinto sin salida.

Memorias que no van a ningún sitio.

Esperándote

Acaricia mi ausencia,
muerde tus labios llenos de ira por no tenerme,
trata de abrazar la calma
y si no encuentras esa paz de la que tanto te hablé,
si no recuerdas cómo respirar…
vuelve, bésame y toma mi mano,
yo seguiré aquí, esperándote.

Me voy a ir

Hoy he dejado de brillar en tu mirada
y he tomado la decisión
de seguir mi rumbo sin tus manos…

porque te he querido incluso
más de lo que me quiero a mí,
porque te he esperado
incluso cuando otros brazos te sostienen.

Hoy me voy de tu lado
sin antes decir que *te extrañaré*
que al pasar los días sé que necesitaré tu aliento.

Que en la noche llegará tu fantasma.

Algún día mis heridas van a sanar,
estarán cerradas por completo
y no volverás a ver los ojos que tanto te soñaron,
que tanto te admiraron.

Truco de magia

Mis ojos contemplaban cómo sus ojos se iluminaban,
la pasión con la que observaba
a una persona haciendo magia.

En cada truco podía leer su mente
llevaba un brillo especial e inexplicable
y yo amaba el efecto que provocaba su sonrisa,
esa que muy pocas veces mostraba.

Él amaba los trucos de magia
y yo amaba verlo feliz.
No fui la magia en su vida
pero disfruté de su alegría.

Loca por amarte

En aquel césped se recostaba tu recuerdo junto a mí,
se veía y se escuchaba más frío que nunca,
quizá, así lo imaginaba yo.
Loca, así me llamaban por no querer olvidarte,
por no dejarte ir,
¿cómo hacerlo?
¿cómo soltar a quien amas?
Loca, porque no dejaba de pensar en tu regreso,
loca, por encontrarte hasta en donde no estabas
loca, por amarte mientras espero.

Mi corazón no se rinde,
no sé cuánto tiempo dure así
querer a alguien que ya no está es una tortura,
querer a alguien que ya no me quiere
es una incertidumbre.
Tenían razón cuando decían
que el amor es cosa de dos,
aquí solo quedo yo.

Alejar

A veces alejo a las personas de mi vida,
solo para salvarlas de mí.

Me siento sola estando contigo

¿Recuerdas cuando éramos felices?
amor, tomabas mi mano sin miedo,
buscábamos lugares nuevos,
íbamos de compras y parecíamos marido y mujer.
¿Lo recuerdas?
Hoy ya no somos aquellos,
se fueron las risas, me siento sola estando contigo
y sinceramente, todo esto es demasiado jodido.

Amor…

¿Quién te apartó de mis brazos?
de todo aquello que soñamos.

Amor…

Quisiera que no hubiera final,
pero no me das ni una sola esperanza.
Mis manos no te llenan,
ya no escuchas lo que tengo que decir.
Poco a poco la llama se apagó,
no somos los mismos que al comienzo
no hay besos inesperados
y la distancia se convirtió en tu compañera.

Ya no vibra tu corazón por mí.

Dejarme ir

Dime, ¿quién está detrás de ese celular?
¿por qué se ha convertido en alguien más importante que
yo?
Intento llamar tu atención, pero tú ya no
me oyes, no me ves ni me sientes.

Amor…

¿No crees que es momento de dejarme ir?
Me estas hiriendo el alma.

Mi sonrisa ha partido contigo

Han pasado horas, días, quizá semanas
desde la última vez que te vi,
es angustiante no tenerte aquí,
no verte, no escucharte.

He buscado tu mirada
para que me diga que nada de esto ha pasado,
he buscado palabras
que me ayuden a entender que te has marchado,
pero no encuentro nada que me haga pensar
que lo nuestro tiene solución.

Hay un terrible silencio del otro lado del teléfono,
mientras espero tu regreso
sucumbe un silencio agotador.

Mi sonrisa ha partido contigo,
ya no salgo ni me maquillo,
mis pasos no tienen a dónde ir.

Espero de día y de noche
entre reproches y escombros,
espero triste y agobiada
con el alma en pena y frustrada.

Siguen pasando las horas,
los días y las semanas,
ya no hay respuesta,
quizá para ti ya no soy nada.

Ya no te espero

La luna se transforma al escuchar tu voz.
Recuerda mis besos. Aunque hoy ya no estás,
el calor que dejaste en este lugar es indestructible.

Ayúdame a volver conmigo,
que contigo me he perdido por completo
y hoy ya no sé quién soy.

La luna me ha traído tu ausencia,
desvelo y un llanto incontrolable,
el espacio para pensar que otra vez no fui suficiente.

Esperaría esta noche tu regreso,
pero la espera es en vano, no te veo volver.

Sin ti no ha quedado nada más
que una habitación inundada de lágrimas.

Lo confieso

Recuerdo lo difícil que fue saberte con alguien más,
te deseé lo mejor mientras me rompía por dentro,
lo recuerdo como si hubiera sido ayer
sin embargo, fue hace mucho tiempo.

Aún recuerdo la manera en que te fuiste,
olvidándote de mí,
de mis brazos que siempre te arroparon,
dejándome a un lado.

Te confieso…

Espero que de vez en cuando
mires el libro que no me devolviste
y releas la carta que te escribí,
que me recuerdes y desees que yo
esté en el lugar correcto.

Lo confieso…

Cuando llegas a mi mente todavía me duele,
aún miro a mi novio y lo comparo contigo.
No he hablado más de ti con mis amigos,
ellos nunca entenderán quién fuiste en mi vida
y a pesar de no tener los mejores versos,
ellos siguen siendo para ti.

Te confieso…

Eres el único que me ha hecho sentir segura
perdón, amor, tú hiciste de mí lo mejor
y yo te pagué con mi peor versión.

Dime, ¿aún me amas?
¿por qué me tratas como si no lo hicieras?

Tu amor es un vicio

¿Qué sabes de mí?
¿cuál es mi color favorito?
¿qué me gusta hacer en mis tardes libres?
¿qué es lo que me hace llorar y a qué le tengo miedo?
¿por qué te cuesta llamar para ver cómo va mi día?
¿por qué piensas que soy tu objeto?
¿por qué me haces llorar y te burlas de ello?

Tu amor solo es un vicio vacío.

El final de todas las despedidas

Me dije a mí misma:
lo amo, pero ya no puedo más.

El final sin despedida,
el final más frío y roto del mundo.

Esa noche no salí corriendo a buscar con quién llorar.
Lloré sola, lloré días, lloré noches.

Me repetí mil veces a mí misma que lo amaba,
pero llegó el final, y sin ninguna despedida.

Queriéndote de lejos

¿Cuántos meses han pasado?
Ya no lo sé.
Perdí la cuenta desde la última vez que te vi,
pero no olvido tu voz ni tu mirada.
¿por qué tuve que hacerlo?
¿por qué tuve que herirte y dejarme vencer?
Hay días, como el de hoy,
en el que pienso en ti y me suelto a llorar,
días donde lo único que quiero es llamarte.
Mis amigas dicen que eres un idiota
por no saber entender nuestra amistad.
Sin embargo, sigo pensando que fui yo
la culpable en todo esto,
te confundí con un patán sin corazón.
Tomaste mi mano un día en medio de una fiesta,
me llevaste afuera y te dije "el que se enamora pierde"
pero, cariño; yo perdí antes de iniciar.
En el centro de la ciudad nos conocimos
y nos despedimos, pero sigues aquí,
como si algo hubiera quedado pendiente.
El tiempo pasa pero no olvido tu rostro, cariño mío.
Quiero que me recuerdes, como yo a ti, sin decirlo,
habitando el silencio, queriéndote desde lejos.

La primera noche

Recuerda aquella primera vez nuestra,
la noche tenía un brillo especial.
Tú estabas a mi lado, me abrazabas.
En el centro de la ciudad caminamos y bebimos
chocolate.
La noche fue mágica y todo el tiempo dijiste que me
querías.
Quisiera volver a ese día…
quisiera volver a aquella noche.

Desconfianza

Nuestras diferencias crecieron
a medida que pasaba el tiempo,
yo no confiaba más en tus manos
que un día me sostuvieron con ternura,
y tú no confiabas más en mis manos
que te tomaban con anhelo.

Hemos complicado el amor, nuestro amor.
Nos destruimos por placer,
pero aún nos seguimos mirando a los ojos
con el mismo fuego.

Irme sin mirar atrás

Cuando me preguntaban por qué siempre regresaba contigo
a veces la respuesta era sencilla, *lo amo.*
En cambio, otras veces, la respuesta era más compleja
incluso parecía no saberla ni yo misma.
Solo me quedaba en silencio, pensando…
¿por qué lo amo?
quizá porque él era mi poesía más pura,
sus brazos eran cálidos,
sus besos mi energía y alegría,
su presencia mi hogar.

Lo amo… necesitaba repetirme a mí misma antes de volver
a él.
Te amo… le decía antes de tocar su piel.

Fueron muchas despedidas con reencuentros,
peleas con reconciliaciones perfectas.
Pero esa noche supe que no habría más regresos.
Me dolió saberlo, me dolió sentirlo.
No pude hacer más que irme de tu lado sin mirar atrás.
Esa noche nos quedamos sin perfectas reconciliaciones,
nos quedamos con las ganas de estar
y seguir frotando nuestros cuerpos juntos,
deseosos el uno del otro.

Te he perdido la huella, te he dejado libre

Te fuiste y contigo te llevaste hasta el aroma de mis sábanas.
Ya no queda nada.

Me cuesta respirar por las mañanas.
La migraña se ha convertido en parte esencial de mi rutina,
el pensamiento recurrente de "*Yo no quería alejarme de ti*"
se vuelve cada vez más fuerte en mi cabeza.
Busco pasar los días alejada de los lugares
que me recuerden que estuve a tu lado,
pero no importa lo lejos que vaya, siempre apareces tú.

Te extraño y extrañarte es como sentir que me arde el alma.
Cuando despierto olvido nuestra realidad,
hasta que miro la pantalla de mi móvil para encontrarte,
pero tu número ya no aparece.

Te he perdido la huella, te he dejado libre,
espero que algún día puedas hacerlo tú conmigo también.

Te lloré cada día

Te he llorado día tras día.
Siento un dolor inmenso que cala hasta los huesos.
Te creí las mil promesas que me hiciste,
ninguna de ellas llevaba la verdad.

Te he llorado cada día
como se llora a los muertos,
desconsoladamente.

Amor, si acaso me hubieras mirado a los ojos alguna vez,
hubieras visto como gritaban *¡Quédate!*.

Mi rumbo está perdido

Eres el veneno más letal, la dulce agonía,
también el antídoto, la esperanza, la paz.
Todo es abismo cuando no estás,
se nubla el día y no puedo admirar nada
tus besos me llenan de tranquilidad
pero hoy me has entregado a la soledad
y mi rumbo se encuentra perdido,
un poco más de lo normal.

Eres mi mundo

Fuiste la ilusión que cautivó mis ojos
y a veces me cuesta aceptarlo
y otras tantas no puedo ocultarlo,
porque te convertiste en la persona
que quiero tener a mi lado todos los días,
porque disfruto cada momento junto a ti.

Las horas a tu lado corren a mayor velocidad
y me gustaría detenerlas para quedarme siempre ahí.

Eres un mundo, mi mundo, escondido e inquieto.
Hoy solo queda aceptar
que mi corazón ya te esperaba desde años atrás.

Cuando llegaste a mi vida

Antes de conocerte, lo único que hacía era llorar,
me sentía llena de angustia y tristeza,
hasta que llegaste tú, un día soleado.
Al pasar por mi lado tus ojos brillaron
y no pude contenerme, en ellos me he quedado.

Un día lluvioso te sorprendí más hermoso que nunca,
tan alto, tan guapo, tan lleno de vida.

Por las noches contamos estrellas,
y soltamos alguna que otra carcajada.
Guardamos silencio un par de segundos,
nuestros ojos se miraron, se sintieron,
te acercaste lentamente a mis labios,
mis manos temblaban, y mis mejillas
estaban ruborizadas.

Sonreí a mitad de un beso, un tierno y dulce beso.

Eres inolvidable

Ven, hazme sentir que soy tuya,
desliza tus manos sobre mi piel.
Bésame, vamos a olvidarnos de todo.
Tócame, recorre cada una de mis curvas.

Hagamos este momento eterno, inolvidable.

Ven, soy solo tuya…

Te sigo deseando

Tal vez no debí caer en tus palabras vagas,
quizá, debería olvidar el sabor de tus labios,
recordar que tú y yo ya no somos.
Pero el caso es que aún deseo tu cuerpo junto al mío.

Te deseo, desde la primera vez que te sentí mío, tan mío.

Me vuelvo débil ante ti

Me hablas
me miras
intentas besarme,
me alejo y vuelvo a ti.
Tu voz es dañina
y resuella muy cerca de mis sentidos.
Me vuelvo débil ante ti, ante tus manos,
no me dejes caer, no quiero llegar al fondo.

Por favor, no dejes de besarme.

A tu lado

Los días a tu lado eran sonrisas,
miradas traviesas,
pequeños y tiernos besos,
jugueteos entre nuestras manos,
abrazos al caminar sin mirar nada más.
Pero debo irme, está amaneciendo
y pronto voy a despertar.

Tus ojos ya no me atrapan

Me convertí en alguien que no quería ser.
No me reconoces, no te reconozco.

Empiezo a evitar tu mirada,
la mirada que me tenía locamente enamorada.
Ya no quiero volver a caer en ella,
es una trampa,
tus ojos siempre me cautivan.

Cariño, lo siento, hoy no tienen ventaja,
ya no sabes quién soy, ni dónde me encuentro.

No quiero volver a verte ni escucharte,
no quiero besar más esos labios sabor miel
ni ver esos ojos que me atrapan.
Ya no.

Ya no eres mío

Te he amado durante años,
siempre sentí tu cuerpo tan mío, tan parte de mí…
sin embargo, hoy ya no es lo mismo.

Amor, ya no puedo llamarte de esa manera,
me han quitado tu cuerpo,
me han robado lo que pensé mío.

Amor, ¿notas el daño?
ya no eres mío,
¿alguna vez lo fuiste?
el daño es irreversible.

Te parece fácil pedir perdón,
pero no eres capaz de reconocer
cuando rompes un corazón.

Un corazón que te llevaba dentro.

Todo llego a su final

Me has hecho sentir tan vacía,
ya no siento ni una gota de amor por ti…
solo tristeza y desdicha.

Duele saber que ya no queda nada por arreglar
duele saber que nos ha llegado el final.

Contigo

Disfrutar contigo
el tiempo, la cama y la vida.

Vivir para ti
porque mi alma es tuya, mi cuerpo es tuyo.

Los besos que nos consumen,
los secretos que guardamos,
nos unen, nos atan.

Disfrutar contigo,
olvidar contigo,
todo mi ser es contigo.

El tiempo se detiene a tu lado.
Mi cariño, mi obsesión, mi mejor instante.

Me olvidarás

Me olvidarás,
sé que una noche ya no habrá más de mí en ti,
voltearás a ver la luna y verás allí nuestros sueños
olvidados.
Pensarás que nunca te quise, sentiré que me odias,
querrás borrarme de tu vida.

Me olvidarás,
desaparecerá mi recuerdo,
olvidarás mi noche y mi rostro también.

Ya no estaré bloqueando la puerta,
te he dejado libre, por favor, sé feliz.

Vas a culparte por dejarme ir,
vas a culparme por rendirme,
pero lo cierto es que ambos lo arruinamos,

ambos destruimos nuestros sueños.

Serás feliz sin mí

Encontrarás un nuevo amor al final del día,
alguien que te haga sentir lo que conmigo nunca.
Serás feliz y esa persona lo será más aún.

La harás más feliz de lo que algún día me hiciste a mí.

Culpables

Creían que éramos la pareja perfecta,
pero nos ganaron las inseguridades, los celos, las peleas.
Destruimos todo lo bueno que teníamos.

Nos dejamos ir.
Nos dejamos de querer
hasta no sentir nada el uno por el otro.

Me duele que pienses que todo es mi culpa
cuando fuiste tú quien me dejó caer en esta locura.

Culpables somos ambos
de no aceptar que ya había terminado.

Corté la cuerda que me ataba a ti

Escucho tu voz y siento que el mundo se detiene,
pero me siento triste,
no soporto saber tu cuerpo en otra piel.

Te he suplicado de muchas maneras
que me hagas dueña de tu ser,
pero no puedes, no quieres.

Busco ser feliz a tu lado.
Dejé de ser lo que era por estar contigo;
pero no me siento completa.

Cuando estoy segura de ti,
cuando al fin siento que seremos felices,
alguien más llega y me roba tu piel
y tú no haces nada por detenerlo.

No quiero verte porque sé que no podré irme de ti.
Cariño, hoy no tengo fuerzas
mi corazón está cansado, roto, dañado,
la desilusión y decepción están ganando.

Te he entregado mi alma
y me has pagado de la manera más cruel.
Te encanta dañar a mi corazón,
te encanta sentir el control,
pero esta vez solté tus manos,
corté la cuerda que me ataba a ti
y por primera vez en mucho tiempo
me di una oportunidad conmigo, solo conmigo.

Amantes

Amantes de medianoche,
eso fuimos, fugitivos.
Sin daños colaterales ni engaños.

Nunca nos juramos amor, sin embargo,
el cariño lo profesábamos.

Amantes de medianoche,
nos consumía el deseo profundo, también la curiosidad.
Pero toda historia tiene su final
aunque las pieles se extrañen y soñemos con volver,
amantes de medianoche fuimos nada más.

¿Dónde te encuentras?

Esta mañana desperté con el sonido de la lluvia
que golpeaba la ventana.
Recordé tus brazos que me abrigaban en días así.

¿Cuántas mañanas frías despertamos juntos?

Llevo casi un año
tratando de evitar tus recuerdos,
nuestros recuerdos.

Esta mañana también escuché nuestra música,
una lagrima rodó por mi mejilla
y pensé: si no estás en mis brazos,
¿dónde y con quién te encuentras?

Alguien tomó mi lugar

El frío de esta mañana me hizo temblar cuando te recordé.
Los planes y sueños que teníamos vuelven a mi mente
una y otra vez como un búmeran.
Hoy me enteré de que alguien más tomó mi lugar,
que te espera frente a un altar
con aquel vestido blanco que yo soñé alguna vez usar.
No siento odio ni resentimiento,
solo espero que no le falles
a la persona que te ha vuelto a enamorar.

Vas a volver

Vas a volver,
cuando las flores se hayan marchitado
y mi corazón haya vuelto a nacer.
Más tarde que temprano
entenderás que no debiste haberte ido.

Pero ya no volveré contigo.
No importa lo que digas, ni lo que hagas.

Mi corazón fue complemente tuyo
pero ahora ha vuelto a su pecho.

No te atrevas a volver

Si algo temo, es volver a verte entrar por aquella puerta
y sentir que todos mis esfuerzos han sido en vano,
porque es muy fácil decir *ya no te amo* cuando no te veo,
pero tenerte enfrente de nuevo lo cambiaría todo.

No quiero regresar y darme cuenta
de que en realidad no te he podido olvidar.

Solo por si acaso, cariño, no te atrevas a volver.

Todo quedó hecho cenizas

Lo quemé todo,
las fotografías de aquellos días felices,
los boletos de los viajes que no fueron perfectos,
las cartas que te escribí y luego me regresaste.

Lo quemé todo,
todo quedó hecho cenizas…
el amor, mi corazón.

Ambos quedaron hechos ruinas.

Abril

Acostumbrado a despedidas y cicatrices,
hoy llega con nuevas sonrisas.

Esta vez no hay más regresos de aquel amor deshecho
con fechas marcadas en el cuerpo.

Esta vez no hay cuerdas que nos aten a almas marchitas
estamos sanando todo lo que alguna vez fuimos
y dejamos de ser.

Abril llega arrasando como el viento,
renaciendo con nuevas historias
placeres que pueden ser eternos.
Sin falsas promesas, sin prisas.

Abril florece entre hierba perdida.

Me dejaste de amar

No te quiero ver,
porque recuerdo la soledad en la que me dejaste,
los días que lloré sin parar,
las noches con ataques de ansiedad.

El vacío que congeló mis huesos.

Me cuesta aceptar que,
aunque han pasado varios años,
fuiste tú el que me dejó de amar.

Melancolía

Es sábado,
la melancolía llega a mí como huracán,
puedo ver tu silueta de lejos,
pero no eres tú,
es un fantasma que no me deja vivir.

Y me acuerdo de ti con las películas
que se hicieron nuestras
y las canciones que marcaron nuestra historia.

Es sábado,
la melancolía llega a mí,
he decidido salvarme y alejarme de ti.

Se fue todo contigo

Me gustaría contarte de la nostalgia que cargo,
que recuerdo aquellos días en los que a tu lado reía
y otros en los que solo me veías llorar.
Que siempre me gustó tu mirada y tu sonrisa,
no se digan tus labios al besar.
Que tengo una seria obsesión con tus camisas,
esas que te hacen ver tan sensual.

Me gustaría contarte cuánto te he extrañado,
decirte que la nostalgia me agobia,
que en mis sueños te llamo siempre.
Hoy que no estás busco tu mirada.

Quiero que sepas que todo lo que te oculté
fue para quedarme con un pedacito tuyo,
pero, aun así, se fue todo contigo.

Destiempo

Ya no recuerdo la última vez que suspiré por ti,
supongo que todo ha terminado entre nosotros.

Siempre esperé tus mensajes, día y noche,
pero todo siempre llegó a destiempo, igual que tú.

Supongo que todo terminó antes de que yo me fuera,
supongo que todo terminó antes de que tú te fueras.

Una despedida sin regreso

Sabía que te volverías a ir,
lo supe desde la primera vez que lo hiciste.
Irte y luego volver se convirtió en tu pasatiempo favorito,
hacerme llorar era un goce para todos tus sentidos.

Mentiras, mentiras, y más mentiras…
me las creí todas.

Un día me dije que había sido suficiente
"nunca se quedará", pensé.

Me refugié entre las letras para no sentirme vacía,
para esperar tu partida.
Esta vez sería una despedida sin regreso,
La última definitiva de todas *las últimas veces*.

Índice